Libros de energía
para madrugadores

LA MATERIA

POR SALLY M. WALKER
FOTOGRAFÍAS POR ANDY KING

EDICIONES LERNER • MINNEAPOLIS

La edición en español fue realizada por un equipo de traductores español de translations.com, empresa mundial dedicada a la traducción.

ediciones Lerner
Una división de Lerner Publishing Group, Inc.
241 First Avenue North
Minneapolis, MN 55401 EUA

Dirección de Internet: www.lernerbooks.com

Library of Congress Cataloging-in-Publication Data

Walker, Sally M.
  [Matter. Spanish]
  La materia / por Sally M. Walker ; fotografías por Andy King.
    p. cm. — (Libros de energía para madrugadores)
  Includes index.
  ISBN 978-0-8225-7721-8 (lib. bdg. : alk. paper)
  1. Matter—Properties—Juvenile literature. 2. Matter—Juvenile literature. I. King, Andy, ill. II. Title.
QC173.36.W2518 2008
530.4—dc22   2007004103

Fabricado en los Estados Unidos de América
1 2 3 4 5 6 – DP – 13 12 11 10 09 08

CONTENIDO

4

DETECTIVE DE PALABRAS

¿Puedes encontrar estas palabras mientras lees sobre la materia? Conviértete en detective y trata de averiguar qué significan. Si necesitas ayuda, puedes consultar el glosario de la página 46.

átomos	hervir	sólidos
denso	hielo	unidades
derretir	líquidos	cúbicas
estados	masa	vapor
evaporar	materia	vapor de agua
gases	moléculas	volumen

Todo en tu salón de clases está hecho de materia. ¿Cuáles son los tres estados de la materia?

CAPÍTULO 1
¿QUÉ ES LA MATERIA?

Todo a tu alrededor está hecho de materia. La materia puede ser blanda o dura. Puede ser de cualquier color. Incluso puede ser invisible.

6

La materia ocupa espacio. Puede pesarse. Los objetos sólidos están hechos de materia. Los líquidos, como el agua, y los gases, como el aire, también están hechos de materia. Los tres estados de la materia son sólido, líquido y gaseoso.

Toda la materia ocupa espacio y puede pesarse.

La materia tiene masa. La masa es la cantidad de materia de la que está hecho un objeto. Es más difícil levantar una cantidad grande de masa que una cantidad pequeña. Puedes comprobarlo con una botella vacía y agua.

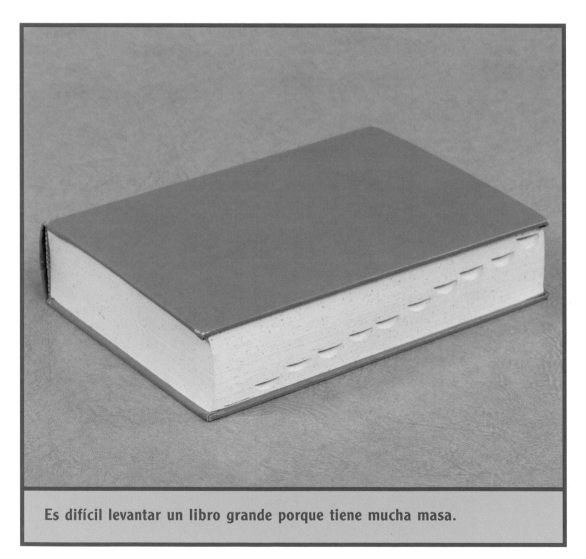

Es difícil levantar un libro grande porque tiene mucha masa.

El aire no tiene mucha masa. Es fácil levantar una botella llena de aire.

La botella parece vacía, pero está llena de materia. ¿Puedes adivinar de qué materia? De aire. El aire ocupa espacio dentro de la botella, pero como no tiene mucha masa, es fácil levantar la botella.

9

¡Es más difícil levantar una botella llena de agua que una botella llena de aire!

Llena la botella con agua. El espacio dentro de la botella es el mismo que antes. Pero ahora es más difícil levantarla. Eso ocurre porque la materia en su interior tiene más masa. El agua tiene más masa que el aire.

La materia está formada por partículas diminutas llamadas átomos. En el punto al final de esta oración caben miles de millones de átomos.

Los átomos se pueden unir para formar grupos llamados moléculas. Las moléculas son más grandes que los átomos, pero aun así caben millones de moléculas en un punto.

Las moléculas siempre están en movimiento. Algunas moléculas tienen mucho espacio a su alrededor. Se pueden mover libremente. Otras moléculas están amontonadas. Pueden moverse, pero no tan libremente. Compruébalo con este experimento.

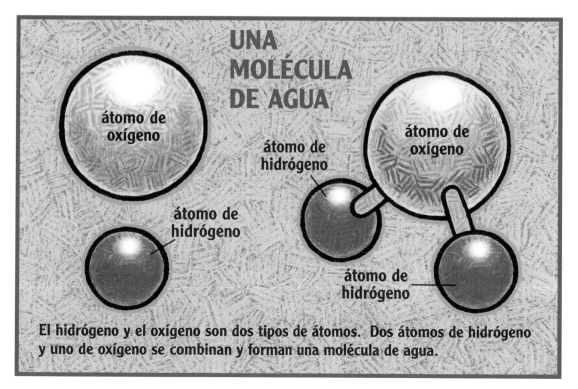

UNA MOLÉCULA DE AGUA

átomo de oxígeno

átomo de hidrógeno

átomo de oxígeno

átomo de hidrógeno

átomo de hidrógeno

El hidrógeno y el oxígeno son dos tipos de átomos. Dos átomos de hidrógeno y uno de oxígeno se combinan y forman una molécula de agua.

Ponte de pie en una sala grande con dos amigos. Extiende tus brazos como las alas de un avión. Simula volar alrededor de la sala. Tienes mucho espacio. Es fácil volar sin chocar con tus amigos. Las moléculas con mucho espacio a su alrededor no chocan muy a menudo entre sí.

Estos niños juegan a ser moléculas que tienen mucho espacio a su alrededor. Pueden moverse sin chocar entre sí.

Si te paras muy cerca de tus amigos, no pueden moverse mucho sin chocar unos contra otros.

Ahora coloca tus brazos a los costados. Párate lo más cerca posible de tus amigos sin tocarlos. Están amontonados. No pueden extender los brazos sin tocarse. Pero todavía se pueden mover. Pueden sacudirse o saltar. Si se mueven al mismo tiempo, pueden chocar unos contra otros. Las moléculas amontonadas se mueven de la misma manera.

La materia ocupa espacio. ¿Cómo llamamos a la cantidad de espacio que ocupa un objeto?

CAPÍTULO 2

LA MATERIA OCUPA ESPACIO

Toda materia ocupa espacio. La cantidad de espacio que llena un objeto se llama volumen. Para calcular el volumen de un objeto, debes conocer su longitud, ancho y altura. El volumen de un objeto sólido se mide en unidades cúbicas, como las pulgadas cúbicas o los centímetros cúbicos. Una unidad cúbica incluye la longitud, el ancho y la altura.

Los terrones de azúcar son materia en estado sólido. El volumen de cada terrón es de aproximadamente 1 centímetro cúbico.

El volumen de un objeto sólido siempre es el mismo. Puedes mover el objeto o partirlo en pedazos, y seguirá ocupando la misma cantidad de espacio. Puedes comprobarlo. Necesitarás 27 terrones de azúcar.

Coloca los terrones en una fila sobre una mesa. Cada cubo mide aproximadamente 1 centímetro de largo. Entonces, la longitud de la fila de azúcar es de 27 centímetros. Pero esta medida no te indica el volumen del azúcar. Necesitas dos medidas más. ¿Puedes adivinar cuáles son?

Haz una fila larga y delgada con los 27 terrones de azúcar.

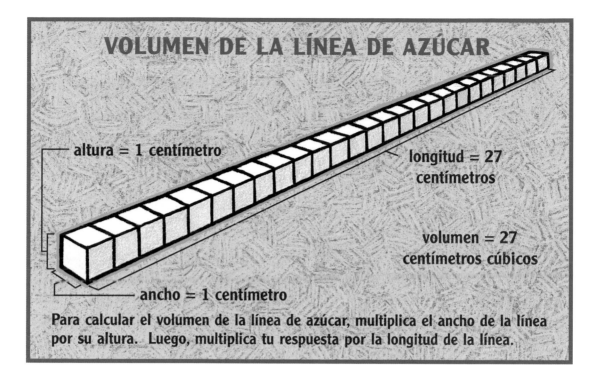

VOLUMEN DE LA LÍNEA DE AZÚCAR

altura = 1 centímetro

longitud = 27 centímetros

volumen = 27 centímetros cúbicos

ancho = 1 centímetro

Para calcular el volumen de la línea de azúcar, multiplica el ancho de la línea por su altura. Luego, multiplica tu respuesta por la longitud de la línea.

Para calcular el volumen, también debes conocer el ancho y la altura de la línea de azúcar. El ancho mide 1 centímetro. La altura también mide 1 centímetro. Ahora tienes todas las medidas que necesitas.

Primero, multiplica el ancho de la línea por su altura. 1 x 1 = 1. Luego, multiplica el resultado por la longitud de la línea. 1 x 27 = 27. Entonces, el volumen de la línea larga y delgada de azúcar es de 27 centímetros cúbicos.

Ahora, apila los terrones de azúcar. Coloca tres terrones en cada pila. Tendrás nueve pilas. Junta las pilas para formar un terrón gigante de azúcar. El terrón gigante mide 3 centímetros de ancho, 3 centímetros de alto y 3 centímetros de largo. ¿Ocupa la misma cantidad de espacio que la línea de azúcar larga y delgada? Calcula el volumen del terrón gigante y observa.

Apila los 27 terrones para formar uno gigante. El terrón será de 3 terrones de ancho, 3 terrones de alto y 3 terrones de largo.

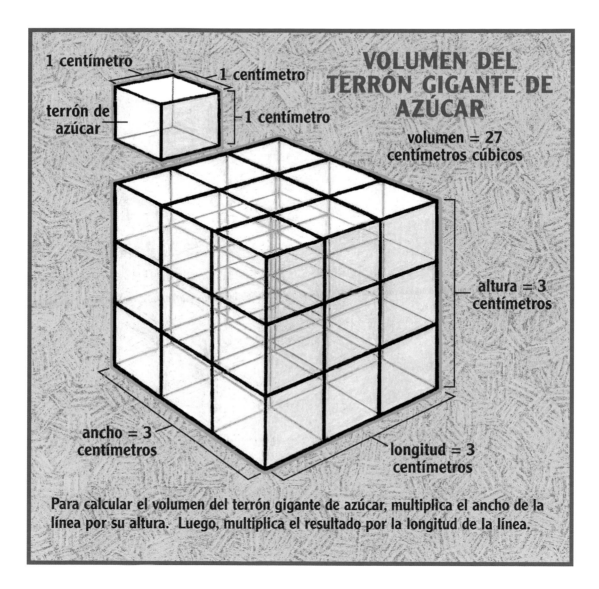

1 centímetro

1 centímetro

terrón de azúcar

1 centímetro

VOLUMEN DEL TERRÓN GIGANTE DE AZÚCAR

volumen = 27 centímetros cúbicos

altura = 3 centímetros

ancho = 3 centímetros

longitud = 3 centímetros

Para calcular el volumen del terrón gigante de azúcar, multiplica el ancho de la línea por su altura. Luego, multiplica el resultado por la longitud de la línea.

Multiplica el ancho del terrón de azúcar por su altura. 3 x 3 = 9. Luego, multiplica el resultado por la longitud del terrón. 9 x 3 = 27. El volumen del terrón gigante es de 27 centímetros cúbicos.

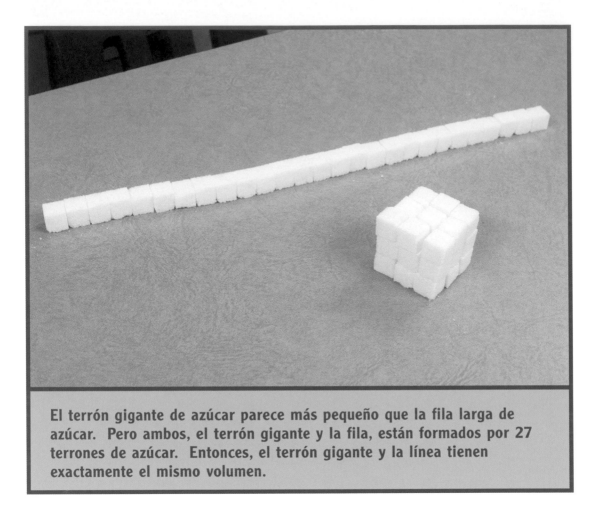

El terrón gigante de azúcar parece más pequeño que la fila larga de azúcar. Pero ambos, el terrón gigante y la fila, están formados por 27 terrones de azúcar. Entonces, el terrón gigante y la línea tienen exactamente el mismo volumen.

El volumen del terrón gigante es exactamente el mismo que el volumen de la línea de azúcar. El terrón parece más pequeño porque se movieron los bloques de azúcar.

Las moléculas de la tiza están ordenadas en un patrón determinado. Si rompes un pedazo de tiza, ¿cambia el patrón?

CAPÍTULO 3
LA MATERIA SÓLIDA

La forma y el volumen de la materia sólida siempre permanecen igual. La tiza es materia sólida. Sus moléculas están ordenadas en un patrón determinado. La tiza puede romperse, pero las moléculas de cada pedazo conservan el mismo patrón.

21

Estos niños juegan a ser moléculas que están amontonadas para formar materia sólida.

Piensa en el experimento que hiciste sobre la molécula en movimiento. ¿Cuándo fue más parecido a algo sólido? Tu grupo fue más sólido cuando estuvieron juntos.

Una vez más, ponte de pie cerca de tus dos amigos. Abraza a tus compañeros. Ahora tu grupo está realmente unido. Su forma no puede cambiar. Las moléculas de la materia sólida siempre permanecen en el mismo lugar. El objeto sólido mantiene su forma.

Cuando las moléculas de la materia están muy juntas, los científicos dicen que la materia es densa. Las moléculas de casi todos los objetos sólidos están amontonadas. Por eso, los objetos sólidos son densos.

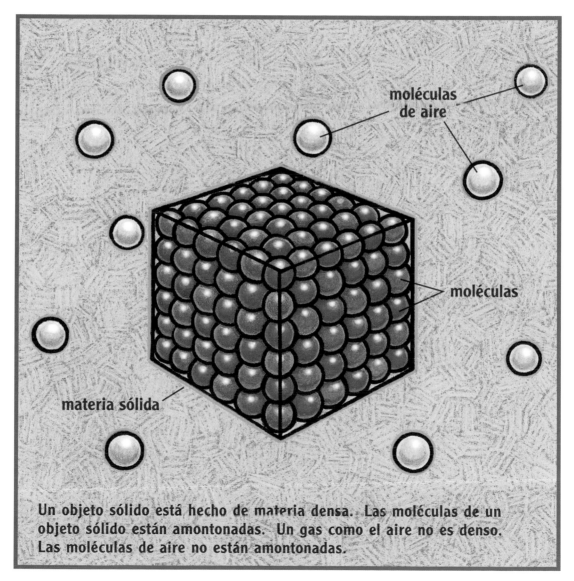

moléculas de aire

moléculas

materia sólida

Un objeto sólido está hecho de materia densa. Las moléculas de un objeto sólido están amontonadas. Un gas como el aire no es denso. Las moléculas de aire no están amontonadas.

El agua es materia en estado líquido. ¿El volumen de un líquido siempre permanece igual?

CAPÍTULO 4
LA MATERIA LÍQUIDA

Los líquidos son otro estado de la materia. Los líquidos generalmente se miden en onzas o en mililitros. Estas unidades no tienen la palabra "cúbico" en sus nombres. Pero son unidades cúbicas porque incluyen la longitud, el ancho y la altura.

La materia sólida permanece en trozos duros. Pero la materia líquida fluye con facilidad.

El volumen de un objeto sólido siempre es el mismo. También el volumen de un líquido permanece igual. Pero los líquidos son muy diferentes de los sólidos. Llena un vaso con agua. Observa cómo sale el agua del grifo. ¿Cae en trozos duros, como bloques de una caja? No, el agua fluye en un chorro.

Un líquido no tiene una sola forma. Vierte el agua de tu vaso en un tazón. Observa cómo las moléculas se distribuyen rápidamente para ocupar la forma del tazón. Un líquido fluye hacia todas las partes de un recipiente. Se distribuye hasta que su superficie está lisa.

La materia líquida fluye para llenar el fondo de cualquier recipiente.

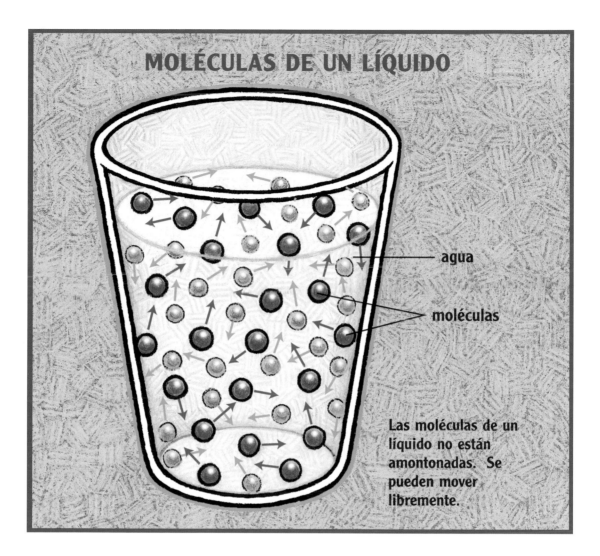

MOLÉCULAS DE UN LÍQUIDO

agua

moléculas

Las moléculas de un líquido no están amontonadas. Se pueden mover libremente.

Puedes verter un líquido porque sus moléculas se mueven libremente. No se adhieren con tanta fuerza como las moléculas de un objeto sólido. Las moléculas del líquido no están tan amontonadas. Los líquidos son menos densos que los sólidos.

Algunos líquidos son más densos que otros. Esto se puede comprobar. Necesitarás aceite de cocina, jabón líquido, agua, colorante, un vaso y una taza para medir.

Para este experimento, necesitarás aceite de cocina, jabón líquido, agua, colorante, un vaso y una taza para medir.

Cuando viertes el jabón en el vaso, se hunde hasta el fondo. El aceite sube hacia la parte superior. El jabón se hunde porque es más denso que el aceite.

Vierte ¼ de taza de aceite en el vaso. Ahora vierte ¼ de taza de jabón líquido. ¿Qué pasa con el jabón? ¿Por qué crees que se hunde hasta el fondo?

Las moléculas del jabón están más amontonadas que las moléculas del aceite. Como el jabón es más denso, es más pesado. Se hunde debajo del aceite.

Consigue ¼ de taza de agua. Agrégale una gota de colorante. Lentamente, agrega el agua coloreada al aceite y al jabón en el vaso. ¿Qué sucede? ¿Es el agua más densa que el aceite? ¿Es el agua más densa que el jabón?

El agua se hunde debajo del aceite. Pero el agua flota encima del jabón.

El aire es un gas. Los gases no pueden verse. ¿Cómo sabes cuando el aire está en movimiento?

CAPÍTULO 5
LA MATERIA GASEOSA

Los gases son el tercer estado de la materia. Las moléculas de los gases están alejadas unas de las otras. Están tan alejadas que no se ven. Pero sabemos que están ahí. No podemos ver el aire. Pero podemos ver cómo las hojas se mueven con el viento. El viento es aire en movimiento.

31

Los gases son invisibles. Pero ocupan espacio, como los sólidos y los líquidos. Puedes comprobarlo con una pajilla y un pequeño pedazo de papel.

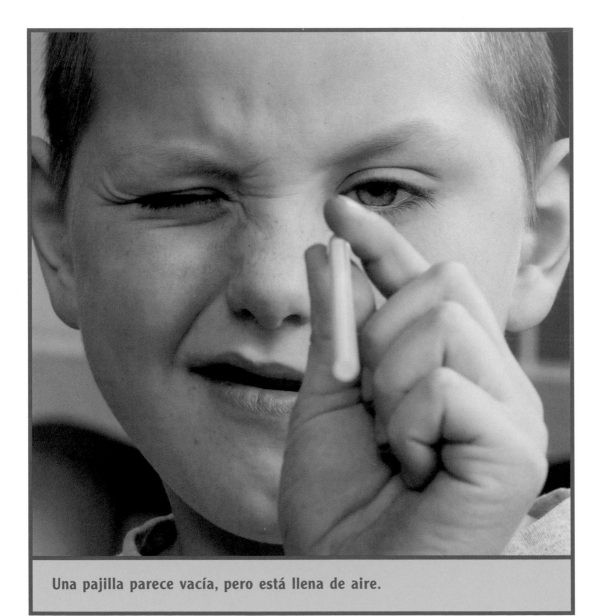

Una pajilla parece vacía, pero está llena de aire.

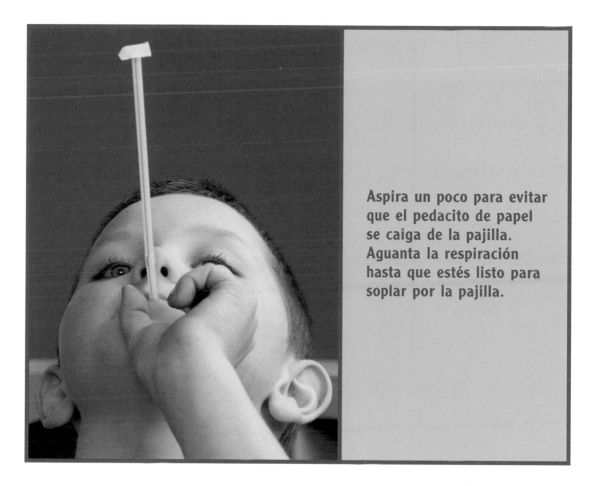

Aspira un poco para evitar que el pedacito de papel se caiga de la pajilla. Aguanta la respiración hasta que estés listo para soplar por la pajilla.

Observa la pajilla. ¿Está llena de algo? Sí, está llena de aire. Coloca un extremo de la pajilla en tu boca. Mira hacia el techo. Mantén el papelito equilibrado en el otro extremo de la pajilla. Ahora sopla por la pajilla.

¿Qué pasa con el papel? Se vuela. ¿Por qué sucede esto?

El aire que sale de tu boca necesita espacio, y empuja al aire que ya está en la pajilla. El aire de la pajilla empuja el papel y lo tira.

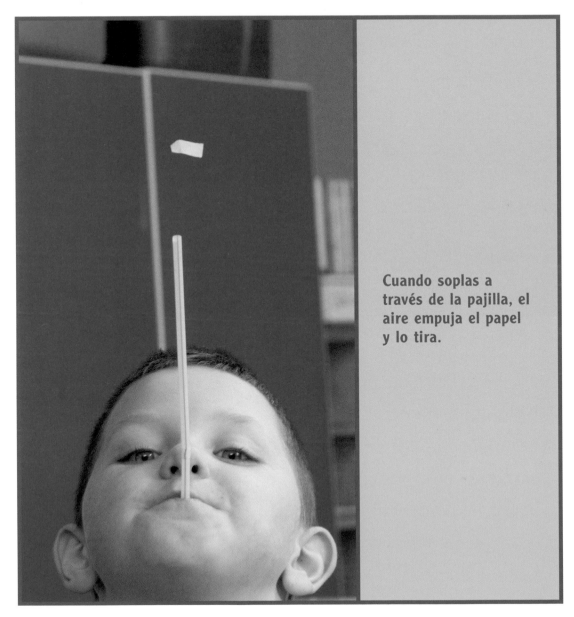

Cuando soplas a través de la pajilla, el aire empuja el papel y lo tira.

Cuando soplas y formas burbujas de aire en el agua, el aire sube y sale del agua.

Como los líquidos, los gases pueden cambiar de forma. Las moléculas de los gases se mueven todavía más libremente que las moléculas de los líquidos.   Si soplas aire en un vaso, el aire no permanece en el fondo. Las moléculas de aire fluyen libremente hacia arriba y salen del vaso.

Para mantener un gas en un recipiente, debes encerrarlo completamente. Infla un globo. Si no mantienes el globo cerrado, el aire se escapa. Pero si atas el globo, el gas se encierra y el globo se queda inflado.

El gas se distribuye para llenar el recipiente en el que está. El aire de tu pequeño globo podría distribuirse para llenar toda la sala.

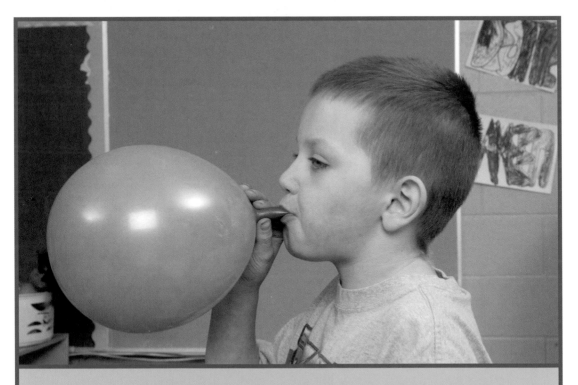

Para mantener el aire en un globo, tienes que conservarlo cerrado o atarlo. Si no lo atas, el aire se escapa.

Cuando el hielo se derrite, cambia de estado sólido a estado líquido. ¿Qué hace que las moléculas cambien de un estado a otro?

CAPÍTULO 6

LA MATERIA PUEDE CAMBIAR DE ESTADO

La materia puede cambiar de un estado a otro. Cuando se agrega calor a la materia, el calor hace que las moléculas se muevan más rápido. Cuando se quita calor, las moléculas se mueven más lentamente. Cuando las moléculas se mueven más rápido o más despacio, cambian de estado.

Conoces el agua en los tres estados. El agua sólida se llama hielo. Cuando el hielo se derrite, se convierte en agua líquida. Cuando el agua líquida se evapora, se convierte en gas.

Puedes hacer que el agua cambie su estado. Necesitarás una agarradera, una olla pequeña, una estufa o una parrilla y varios cubos de hielo. Usa lentes de seguridad y pide a un adulto que te ayude.

Para hacer que el agua cambie su estado, necesitas una olla, estufa o una parrilla, lentes de seguridad y algunos cubos de hielo.

Coloca los cubos de hielo en la olla. Luego, enciende el quemador.

Arroja los cubos de hielo en la olla. Colócala en la estufa o la parrilla. Enciende el quemador. ¿Qué sucede con los cubos de hielo cuando se calientan? Se derriten. El hielo sólido se convierte en agua líquida.

Cuando el agua se calienta, ¿puedes ver burbujas? ¿Qué crees que hay dentro de las burbujas? Hay vapor de agua en las burbujas. El vapor de agua es agua en estado gaseoso.

El calor del quemador hace que los cubos de hielo sólido se derritan. Se convierten en agua líquida.

Las burbujas del agua hirviendo están hechas de vapor de agua. Las burbujas suben a la superficie y se revientan. Luego, el vapor de agua se eleva en el aire.

¿Cómo se mueven las burbujas cuando el agua se calienta? Suben hacia la parte superior. Al poco tiempo, la superficie del agua comienza a burbujear. Esto se llama hervir. Las burbujas de gas se revientan y se escapan de la olla. Forman una nube de vapor. El vapor es el gas en el que se convierte el agua hirviendo.

Has hecho que la materia cambie su estado. Los cubos de hielo sólido se convirtieron en agua líquida. Luego, el líquido se convirtió en un gas.

Nuestro mundo está hecho de materia. Todas las cosas a tu alrededor están en estado sólido, líquido o gaseoso. Tu almuerzo está hecho de materia. ¿Qué tipo de materia comiste hoy?

Una manzana es una materia en estado sólido.

Tú ocupas espacio y puedes pesarte. Entonces, estás hecho de materia.

Incluso tú estás hecho de materia. ¿Puedes nombrar algunos de los sólidos, líquidos y gases de tu cuerpo? ¡Es la materia que realmente importa!

SOBRE COMPARTIR UN LIBRO

Al compartir un libro con un niño, usted le demuestra que leer es importante. Para aprovechar al máximo esta experiencia, lean en un lugar cómodo y tranquilo. Apaguen el televisor y eviten otras distracciones, como el teléfono. Estén preparados para comenzar despacio. Túrnense para leer distintas partes del libro. Deténganse de vez en cuando para hablar de lo que están leyendo. Hablen sobre las fotografías. Si el niño comienza a perder interés, dejen de leer. Cuando retomen el libro, repasen las partes que ya han leído.

DETECTIVE DE PALABRAS

La lista de la página 5 contiene palabras que son importantes para entender el tema de este libro. Conviértanse en detectives de palabras y búsquenlas mientras leen juntos. Hablen sobre el significado de las palabras y cómo se usan en la oración. ¿Alguna de estas palabras tiene más de un significado? La definición de las palabras se encuentra en el glosario de la página 46.

¿QUÉ TAL UNAS PREGUNTAS?

Use preguntas para asegurarse de que el niño entiende la información del libro. He aquí algunas sugerencias:

> ¿Qué nos dice este párrafo? ¿Qué muestra la imagen? ¿Qué crees que aprenderemos ahora? ¿Cuáles son los tres estados de la materia? ¿Cuál es más denso: un sólido o un gas? ¿Por qué puedes verter un líquido pero no un sólido? ¿Cómo se llama el agua sólida? ¿Cuál es tu parte favorita del libro? ¿Por qué?

Si el niño tiene preguntas, no dude en responder con otras preguntas, como: ¿Qué crees *tú*? ¿Por qué? ¿Qué es lo que no sabes? Si el niño no recuerda algunos datos, consulten el índice.

PRESENTACIÓN DEL ÍNDICE

El índice le permite al lector encontrar información sin tener que revisar todo el libro. Consulte el índice de la página 48. Elija una entrada, por ejemplo, *átomos*, y pídale al niño que use el índice para averiguar cómo se llama un grupo de átomos. Repita este proceso con todas las entradas que desee. Pídale al niño que señale las diferencias entre el índice y el glosario. (El índice le sirve al lector para encontrar información, mientras que el glosario explica el significado de las palabras.)

LA MATERIA

LIBROS

Angliss, Sarah. *Matter and Materials.* **Nueva York: Kingfisher, 2001.** Este libro tiene experimentos sobre los estados de la materia y mucho más.

Ballard, Carol. *Solids, Liquids, and Gases: From Ice Cubes to Bubbles.* **Chicago: Heinemann Library, 2004.** Aprende sobre los sólidos, los líquidos y los gases con experimentos que puedes hacer en casa.

Cobb, Vicki. *Why Can't You Unscramble an Egg?: And Other Not So Dumb Questions about Matter.* **Nueva York: Lodestar Books, 1990.** Averigua cuánto pesa el aire, por qué flota un cubo de hielo y mucho más.

Darling, David J. *From Glasses to Gases: The Science of Matter.* **Nueva York: Dillon, 1992.** Descubre por qué la salsa catsup se pega a la botella hasta que la agitas, cómo el agua con jabón quita la grasa y mucho más. Contiene muchos experimentos.

Tocci, Salvatore. *Experiments with Solids, Liquids, and Gases.* **Nueva York: Children's Press, 2001.** Este libro está lleno de experimentos sobre la materia.

SITIOS WEB

Water
http://www.nyu.edu/pages/mathmol/textbook/3gradecover.html
Averigua todo sobre el agua como sólido, líquido y gas. Contiene actividades.

States of Matter
http://www.harcourtschool.com/activity/states_of_matter/index.html
Haz clic en gas, líquido o sólido para ver de cerca cómo se mueven las moléculas.

Materials: Solids, Liquids, and Gases
http://www.bbc.co.uk/schools/revisewise/science/materials/08_act.shtml
Este sitio tiene información sobre los estados de la materia, actividades adicionales y cuestionarios.

GLOSARIO

átomos: las partículas diminutas que forman las cosas

denso: que tiene moléculas que están muy juntas

derretir: cambiar de sólido a líquido

estados: las formas sólidas, líquidas y gaseosas de la materia

evaporar: cambiar de líquido a gas

gases: sustancias que pueden cambiar su tamaño y forma. Un gas puede distribuirse para llenar cualquier recipiente.

hervir: burbujear y cambiar de líquido a gas

hielo: agua en estado sólido

líquidos: sustancias que fluyen fácilmente. Un líquido siempre permanece del mismo tamaño pero puede cambiar su forma.

masa: la cantidad de materia de la que está hecho un objeto

materia: de lo que están hechas todas las cosas. La materia ocupa espacio y puede pesarse.

moléculas: las partes más pequeñas en las que puede romperse una sustancia. Una molécula está formada por átomos que se unen.

sólidos: sustancias que permanecen del mismo tamaño y forma. Las moléculas de casi todos los objetos sólidos están amontonadas.

unidades cúbicas: unidades que se usan para medir la cantidad de espacio que ocupan las cosas

vapor de agua: agua en estado gaseoso

volumen: la cantidad de espacio que llena un objeto

ÍNDICE

Las páginas indicadas en **negritas** hacen referencia a fotografías